Ulrike Puckmayr-Pfeifer

Fremdsein in der Welt – Von emotionaler Heimatlosigkeit

story.one – Life is a story

1. Auflage 2025
© Ulrike Puckmayr-Pfeifer

Herstellung (GPSR), Gestaltung und Konzeption:
Verlag story.one publishing - www.story.one
Eine Marke der Storylution GmbH, Biberstraße 5, 1010 Wien, Austria
E-Mail: story.one@story.one

Gesetzt aus Minion Pro, Lato and Merriweather.

© Cover Foto: Photo by Srushti Patel on Unsplash

© Fotos: Unsplash.com, privat

In der Widmung stehen die ersten zwei Strophen des Gedichtes »Herbst« von Rainer Maria Rilke.

ISBN: 978-3-7115-7410-7

Blätter fallen, fallen wie von weit, als welkten in den Himmeln ferne Gärten; sie fallen mit verneinender Gebärde. Und in den Nächten fällt die schwere Erde aus allen Sternen in die Einsamkeit.

INHALT

Das Fließen der Zeit

Die Schatten werden länger. Die Sonnenstrahlen verlieren an Kraft und wärmen nicht mehr ihre frierende Seele. Kälte kriecht in sie und lässt ihren Körper zittern und ihre Seele frieren. Sie hüllt sich ein in ihren Wintermantel und umwickelt ihren Hals mit einem selbst gestrickten Schal.

So geht sie durch die herbstliche Landschaft. Die bunte Vielfalt der Blätter ist schön und lässt ihre Traurigkeit kurz in den Hintergrund treten. Strahlend blau ist der Himmel. Die Sonne ist ein kurzer Gast, der schon den Schmerz des Abschieds in sich trägt und mit letzter Kraft seine Energie verschwendet.

Sie hält ihr Gesicht in die Sonne. Wärme durchflutet ihren Körper. Sie fühlt sich lebendig. Sie spürt das Leben, das in ihr und um sie herum ist.

Sie geht weiter, vorbei an den Weingärten, in denen noch da und dort eine vergessene Traube leuchtet. Zur Freude der Vögel, die sich kreischend darauf stürzen. Vorbei geht sie an den kahlen abgeernteten Feldern, manche schon umgepflügt und vorbereitet für die neue Saat.

Sie geht durch den Friedhof, vorbei an den schönen geschmückten Gräbern, die davon zeugen, dass sich die Hinterbliebenen um ihre Vorfahren kümmern. Dann sieht sie Gräber, die ungepflegt und vernachlässigt wirken, umgeben von Unkraut, das mit unglaublicher Lebenskraft der Natur zu ihrem Recht verhilft. Unberührt von menschlichem Eingriff wachsen auf den Gräbern und um die Gräber herum wilde Pflanzen, die schön sind in ihrer jungfräulichen Unversehrtheit. Die Schriftzüge auf den Grabsteinen sind verblasst, kaum lesbar, dem Vergessen so nahe. Was bleibt vom Leben? Diese Frage drängt sich ihr beim Anblick dieser verlassenen Gräber auf.

Und dann steht sie am Grab ihrer eigenen Vorfahren. Ihre Urgroßeltern hat sie nie gekannt. Sie lebten vor ihrer Zeit. Erinnerungen an ihren Großonkel werden lebendig, den sie an den Tod verlor, als sie 14 Jahre alt war. Ein schmerzlicher Verlust. Die Trauer tief und nicht enden wollend. Fast in eine Depression mündend. Viele Jahre später der Tod ihrer Großtante. Wieder tiefe Trauer und Erschütterung. Sie denkt, hier sind ihre Wurzeln mütterlicherseits. Sie zündet Lichter an, bevor sie weitergeht und diesen stillen Ort wieder verlässt. Das Leben ist ein Geschenk. Jeder Tag ist ein Geschenk. Sie freut sich, dass sie sich leichtfüßig durch den Raum und die Zeit bewegt, einer unbestimmten Zukunft entgegen.

Die Sonne verschwindet am Horizont. Alles fließt. Bewegung ist in ihr und um sie herum.

Die Frage nach dem Sinn ist einfach müßig. Ihr Kopf ist angenehm leer und frei von quälenden Fragen, auf die es keine Antworten gibt. Zumindest keine überzeugenden für sie, die sich ein Leben lang mit der Frage nach dem Sinn des Lebens beschäftigt hat. Einfach sein. Jetzt im Augenblick. Einatmen. Ausatmen. Weitergehen. Wohin auch immer.

Es ist dämmrig geworden. Die Tage werden kürzer, die Nächte länger. Die Natur bereitet sich auf ihren Winterschlaf vor.

Sie kommt in ihrem Haus an, das ihr als Erbe zugefallen ist.

In seinem Schatten

Ich habe geträumt von ihm. Heute Nacht. Groß, kräftig, harmonisch schön gewachsen stand er vor mir und schien mich anzulächeln. Aus allen seinen Poren strömte unbändige Lebenskraft, die auf mich abfärbte und meinen traurigen schwermütigen Gedanken ihre Schärfe nahm.

Es war ein glühend heißer Sommertag. Unbarmherzig brannte die Sonne ihre Strahlen in meine Haut. Ich suchte Schutz in seiner Nähe. Sein Schatten nahm mich auf und versprach mir verheißungsvolle Kühle. Ich ließ mich nieder im satten Gras und lehnte mich an ihn. Ich spürte seine raue Oberfläche an meinem Rücken. Ein leiser Schmerz war fühlbar, und doch konnte ich mich seinem Schatten nicht entziehen.

Müde war ich vom suchenden Umherirren in diesem kleinen Dorf am See, wo ich geboren und aufgewachsen war. Auf den Spuren meiner Wurzeln. Alles hatte sich so verändert. Das

Haus meiner Kindheit gab es nicht mehr. Längst abgerissen und Teil des Nachbarhauses geworden. Die Schule, in der ich einst gelernt, geweint, gehofft, gelitten und geträumt hatte, umfunktioniert in ein Museum. Die Kirche stand noch da wie ein unerschütterlicher Fels in der Brandung. Erinnerungsschwer tauchen Bilder in mir auf. Predigten von Hölle und Verdammnis, mit donnernder Stimme von der Kanzel herabgeschleudert auf das zum Glauben verpflichtete Volk. In mir lösten diese Sätze Angst aus, kaum hinweggetröstet von den Worten meiner Mutter, man müsse nicht alles glauben, was von einem Pfarrer gesagt würde.

Ich atme ein. Ich atme aus. Auf meinen Atem konzentriere ich mich. Will von den verstörenden Bildern der Vergangenheit nicht in den Strudel auswegloser Verzweiflung gezogen werden. Ich drücke meinen Rücken fester an ihn, ich will ihn spüren, ganz tief und fest. Auch den drückenden Schmerz. Auch der ist Leben. Und ich suche das satte pralle pulsierende Leben in seinem Schatten. Hier fühle ich mich sicher, geborgen, geerdet, verwurzelt, als wäre ich ein Teil von ihm.

Lange sitze ich so da. Die Leichtigkeit des Seins in mir. Hoffnungsfrohe Gedanken, die ihre Kreise ziehen und dem Tod seinen Stachel nehmen.

Ich kann nicht bleiben. Ich muss meiner Stimme folgen, die zum Aufbruch drängt. Zurück in mein gegenwärtiges Leben, das in einer anderen Tonart gespielt werden will. Die Sonne zieht sich zurück. Die Strahlen verlieren allmählich ihre brennende Kraft. Die Schatten werden länger. Die Zeit fließt unaufhaltsam dahin. Ich tauche auf aus meinen Erinnerungen. Ich tauche auf aus meinem Traum.

Als ich längst wach bin und meinen morgendlichen Kaffee trinke, sehe ich ihn noch immer vor mir, den Baum, den ich mithilfe meiner Großmutter im zarten Alter von neun Jahren gepflanzt habe. Ein zartes Bäumchen. Vom Fenster aus konnte ich zusehen, wie er wuchs und wuchs, wie er sich Raum nahm, wie er sich in alle Richtungen ausbreitete und mit den Nachbarbäumen berührend Kontakt aufnahm. Ich war so stolz auf ihn. Wir wuchsen um die Wette. Irgendwann wuchs er über mich hinaus. Und das war gut so.

Lebenskrise

Der Sinn ihres Lebens war ihr abhandengekommen. Nicht plötzlich, in einem schleichenden Prozess war es geschehen.

Die Farben des Lebens wurden mit jedem Tag blasser. Die Kälte kroch selbst an heißen Sommertagen bis in die Tiefe ihrer Seele und ließ sie erschauern. Ihr Leben hatte viel Vergangenheit angesammelt. Wie in einem Film zogen eingebrannte Erlebnisse an ihrem inneren Auge vorüber, flüchtig wie Gas. Wollte sie ein Bild festhalten, zerplatzte es wie eine Seifenblase und löste sich in Nichts auf. Würde auch ihr Leben eines Tages zerplatzen wie eine Seifenblase und sich in Nichts auflösen?

Sie wünschte sich, sie könne an ein Leben nach dem Tod glauben. Obwohl sie in ihrer Kindheit und in jungen Jahren sehr religiös gewesen war, erzogen und gebildet in katholischen Internatsschulen, war ihr im Laufe der Zeit das religiöse Korsett zu eng geworden. Es behinderte sie am Atmen und sie streifte es ab wie ein zu eng gewordenes Kleidungsstück. Sie suchte Antworten auf ihre existentiellen Fragen in der Philosophie und in fernöstlichen Religionen. Selbst der Buddhismus, mit dem sie sich eine Zeitlang beschäftigt hatte, vermochte die Unruhe in ihrem Herzen nicht besänftigen.

Nichts zu wissen über das Leben nach dem Tod, war schwer auszuhalten. An eine Wiedergeburt zu glauben, schien ihr noch die angenehmste Vorstellung zu sein. Vielleicht sollte sie nicht mehr so viel denken. An das Mysterium des Lebens kam das Denken nicht heran. Den Kopf leer machen mithilfe einer meditativen Beschäftigung.

Viele Jahre hatte sie es mit Stricken und Häkeln geschafft.

Schleichend war sie jedoch in eine Sinnkrise geraten. Die im Frühjahr begonnenen Projekte lagen unvollendet oder gar nicht angefangen irgendwo im Haus. Nur schleppend strickte sie an dem angefangenen Socken weiter. Wer wollte sie haben, ihre vielen Decken, Tücher, Schals, Schürzen, Kleider, Röcke, Pullover, die sie in den letzten Jahren mit einem seltsamen Enthusiasmus produziert hatte?

Sie war an einem Punkt angekommen, an dem sich alles sinnlos anfühlte. Ihre Finger weigerten sich, die Wolle über die Nadeln gleiten zu lassen. Sie versuchte es, legte das Strickstück aber nach einigen Maschen erschöpft wieder weg.

Sie hatte sich ein Piano gekauft, in der Hoffnung ihr seit Jahrzehnten nicht mehr praktiziertes Klavierspiel wiederzubeleben. Nach ein paar kraftlosen Versuchen stand es unberührt in einem unbewohnten Zimmer. Auch das Fahrrad, das sie sich zugelegt hatte, mit der Vorstellung, so wie in jungen Jahren spannende Ausflüge zu machen, stand an die Mauer gelehnt, von wildem Wein und Efeu fast zugewachsen. Sie war müde geworden vom Leben, das immer öfter wie ein dramatischer Film an ihr vorüberzog und sie in ihren alltäglichen Handlungen innehalten ließ.

Sie bewunderte ihre Katzen, die ungebrochene Lebensfreude ausstrahlten und das Leben in allen seinen Möglichkeiten auskosteten. Manchmal wünschte sie sich, eine Katze zu sein und ganz im Augenblick leben zu können.

Die traumatisierte Katze und ich

Das Feuer knistert im Ofen. Die Suppe köchelt auf dem Herd mit monotonem Geräusch vor sich hin. Wärme erfüllt allmählich den nachtkalten Raum. Ich heize mit Holz, Totholz, das mein Mann von seinen Traktor-Ausfahrten aus den umliegenden Wäldern nach Hause bringt. Die Energiekrise berührt mich nur am Rande. Eine Solaranlage sorgt für Warmwasser. Die monatlichen Stromkosten sind beruhigend niedrig. Ich übe mich in Bescheidenheit und Minimalismus. Und denke: Es ist gut. So wie es ist, ist es gut.

Soeben von einer abenteuerlichen Reise zurückgekehrt, beginne ich wieder, mich mit meinen eigenen vier Wänden vertraut zu machen.

Meine Katze sitzt auf dem Fensterbrett und putzt sich. Ihre Putzgeräusche klingen beruhigend vertraut. Seit Tagen wohnt sie dort. Die kühler werdenden Tage haben sie in die warme Küche gelockt. Keinen Pfoten-schritt setzt sie mehr vor die Tür. Katzentoilette, Wasserschüssel und Futternapf habe ich auf den Boden vor das Fenster gestellt, damit sie alles, was sie für ein glückliches Katzenleben braucht, in ihrer Nähe hat. Eine scheue Katze ist sie, eine Katze zum Anschauen. Ängstlich zuckt sie zusammen, wenn meine Hand sich ihr nähert. Ich weiß von ihrer traumatisierenden Vergangenheit und habe Verständnis für sie. Manchmal bleiben Kinder draußen auf dem Gehsteig stehen und erfreuen sich am Anblick der schönen weißen Katze, gerettet und übernommen von einem lieblosen Tierzüchter. Auch ich bin glücklich darüber, dass sie hier mit mir in einem Raum lebt und sich ganz in ihrer Katzenexistenz mir zeigt. Wie eine Seelenverwandte fühlt sie sich für mich an. So nah und doch in ihrer Unberührbarkeit so fern.

Ich blicke durch das Fenster hinaus in den herbst-grauen Himmel. Der Tag ist noch jung, kaum Mittag, und will gelebt werden. Das Wasser auf dem Herd macht immer stärker werdende Siede-Geräusche. Ich stehe auf, erhebe mich schwerfällig aus meinem Ohrensessel und gieße etwas von dem kochend heißen Wasser in die bereit gestellte Teetasse. Herrlich duftender Lavendel-Tee, den ich in kleinen Schlucken trinke. Ich liebe den Duft von Lavendel, der meine Sinne betört und mich zum Träumen bringt von lustvoll warmen Sommernächten in freier Natur. Etwas wehmütig und sehnsuchtsvoll blicke ich zurück in die Vergangenheit, reiße mich aber wieder von den in mich herein strömenden Bildern los und wende mich dem gegenwärtigen Augenblick zu.

Die Suppe ist gekocht. Ich stelle sie an den Rand des Herdes. Jeden Augenblick kommt mein Mann von seiner Traktor-Ausfahrt nach Hause. Wir werden dann essen. Gemeinsam. Gelebter Ehealltag im Herbst.

Die Katze hat ihre Putzzeremonie beendet und döst lang ausgestreckt vor sich hin. Ich weiß: Sechzehn Stunden Dösen und Schlafen täglich sind ihr heilig. Sie weiß, was ihr guttut.

Das Feuer im Ofen ist still geworden. Ich stehe nochmals auf und lege ein Stück Holz nach, um die Wärme im Raum aufrecht zu erhalten. Vielleicht mache ich später einen Spaziergang oder eine Traktorfahrt mit meinem Mann. Der Tag bleibt herbstlich trüb und grau.

Herbstsonate in Moll

Es ist Herbst geworden. Die Tage werden kürzer, die Nächte länger und kälter. Die Sonne ist ein immer seltenerer Gast. Schwermütige Gedanken verschaffen sich Raum in der noch sommerwarmen Seele und verbreiten schmerzliche Gefühle.

Das gelebte Leben liegt wie ein aufgeschlagenes Buch vor ihr. Immer wieder liest sie darin und verliert sich im Lachen und Weinen längst vergangener Tage, während die Augenblicke der Gegenwart zur Vergangenheit werden. Die Herbstkälte durchdringt ihre Kleidung und lässt sie frösteln. Trotzdem geht sie durch die herbstlich gefärbte bunte Landschaft. Ihre Füße tragen sie fast sommerleicht durch die Weingärten. Vollreife Trauben warten darauf, geerntet zu werden. Die Stare wollen sich auch daran bedienen und ziehen ihre Kreise. Auf so manchem Weingarten lassen sie sich nieder und genießen die Süße der Früchte.

Der Wind wirbelt die gefallenen Blätter auf zu einem letzten Tanz. Ihr gefällt dieses Naturschauspiel. Die reine, klare kühle Herbstluft atmet sie wie heilende Medizin ein. Sie spürt das Leben in sich, das geheimnisvolle, kostbare Leben, das so zerbrechlich und vergänglich ist. Die Vögel verabschieden sich, um in den wärmeren Süden zu ziehen. Die Ernte wird eingebracht und eingelagert für die kommende Zeit des Winters, in der sich das Leben zu einen erholsamen Schlaf verabschieden wird.

An noch milderen Tagen wird die Sonne freudig begrüßt. Ihre Strahlen wärmen noch einmal ihren schon frierenden Körper und lassen ihn noch einmal brennen. Jeder Strahl wird ausgekostet bis zur bitteren Neige. Sonnenenergie auf Vorrat getankt, in der Hoffnung, die kommenden kalten, dunklen Tage besser überleben zu können. Kurz bleibt die Sonne. Die Schatten werden länger, die Temperaturen sinken.

Sie ist glücklich und dankbar, ein Dach über dem Kopf zu haben. Es gibt so viele Obdachlose auf der Welt. Unerträglich ist das Leid auf diesem Planeten: Hunger, Krieg, Krankheit, Tod, Einsamkeit.

Mitgerissen fühlt sie sich manchmal vom unendlichen Leid, das sie berührt, in ihr fast ein beschämendes Gefühl aufkommen lässt, weil sie mit materiellen Dingen gut versorgt ist. Unglücklich ist sie trotzdem manchmal. Glück und Unglück liegen so nah beieinander wie ein verliebtes Paar. Natürlich weiß sie, dass der Mensch nicht vom Brot alleine lebt, wie sie aus der Bibel erfahren hat. Und ihre Mutter sagte immer, man müsse an irgendetwas glauben. Sie wusste nicht, woran sie glauben sollte. Sie fühlte nur unendliche Traurigkeit in sich und manchmal auch den Wunsch, niemals geboren worden zu sein.

Die Tragik menschlicher Existenz nagte schon früh an ihrer kindlichen Seele und machte ihre Kindheit schattenreich. Da gab es mehr Tränen als Lachen und eine bedrückende quälende Einsamkeit, die so manchem Augenblick ihres Daseins einen bitteren Beigeschmack gab und ihr Lachen gefrieren ließ. Herbstgedanken. Todesgedanken. Nicht ganz angekommen im Leben und doch immer das Leben suchend. So sind die Jahre dahin gegangen. Und heute ist nur noch ein großes Staunen in ihr.

*Sie sitzt noch immer in der Nähe
des Ofens in ihrem Ohrensessel,
strickt an ihrem Socken weiter
und hütet einer Vestalin gleich
das Feuer. Brennen soll es.
Sie legt immer wieder ein
Holzstück nach.*

Ein minimalistisches Leben

Der Tag beginnt früh. Im Morgengrauen. Ihr Mann steht auf, um Kaffee zu machen und die Katzen zu füttern. Es ist kalt. Das Feuer im Herd ist über Nacht ausgegangen. Sie zieht ihren flauschig weichen warmen Morgenmantel an. Und Leggins und selbstgestrickte Socken. Dann geht sie hinaus in die Küche, setzt sich in den schwarz-weiß-karierten Ohrensessel, wärmt sich an dem heißen Kaffeehäferl ihre Hände, während eine der drei Katzen auf ihrem Schoß Platz nimmt und nach Streicheleinheiten verlangt. Ihr Mann trinkt auch Kaffee. Tägliches Morgenritual. Morgengespräche. Die jungen Katzen flitzen durch die Wohnung. Wilde Spiele. Lebensfreude pur. Dann nimmt ihr Mann die Asche aus dem Ofen, holt Holz und macht Feuer. Es ist geschenktes Holz. Bauholz oder Weinstöcke von gerodeten Weingärten. Es beginnt zu knistern. Wärme breitet sich im Raum aus. Sie nimmt ihr Strickzeug zur Hand und lässt die Wolle mit dem Nadelspiel meditativ durch ihre Finger gleiten. Dazwischen immer wieder ein Schluck Kaffee, der die Müdigkeit vertreibt und die Gedanken in Bewegung bringt.

Ihr Mann macht Futter für die Hühner. Ungefähr 50 gibt es zurzeit auf dem Bauernhof. Sie brauchen viel Nahrung. Es ist gefundenes Futter, herausgeholt aus dem Container eines Supermarktes, Lebensmittel, die sonst verbrannt werden würden. Es ist ein Überfluss vorhanden, von dem auch andere Menschen im Dorf etwas bekommen. Ihr Mann ist Lebensmittelretter.

Die Hühner legen viele Eier. Für den Eigenbedarf zu viele. Verschenkt werden sie, manchmal auch verkauft, wenn sich jemand nichts schenken lassen will. Gekauft wird nur wenig: Katzenfutterdosen, Kaffee, Nudeln. Die meisten Lebensmittel sind unverkaufte oder unverkäufliche Produkte der Wegwerfgesellschaft.

Ihr Mann kocht das Mittagessen, meist eine Suppe, in der das aktuell gefundene Gemüse gekonnt verarbeitet wird. Heute gibt es Champignons mit Reis. Und Fleischlaibchen. Dazu Silberzwiebeln, auch aus der Tonne, noch nicht einmal abgelaufen. Dazu trinken sie ein Glas Rotwein, günstig erstanden direkt beim Weinbauern.

Nach dem Essen fährt ihr Mann mit dem Moped, das einen Anhänger hat, zu den Menschen im Dorf, um sie mit Eiern und Lebensmitteln zu beliefern.

Sie sitzt noch immer in der Nähe des Ofens in ihrem Ohrensessel, strickt an ihrem Socken weiter und hütet einer Vestalin gleich das Feuer. Brennen soll es. Sie legt immer wieder Holzstücke nach.

Manchmal bewegt sie sich nach draußen zu den reichlichen Holzvorräten, um Nachschub zu holen. Die Katzen leisten ihr Gesellschaft. Dazwischen macht sie auch alltägliche Dinge wie Geschirr abwaschen, den Boden kehren und wischen, die Hühner und die Katzen füttern. Wenn ihr die Decke auf den Kopf fällt, macht sie einen Spaziergang durch die Weinberge, zum See oder auf den Friedhof, wo ihre Vorfahren begraben liegen und denen sie es zu verdanken hat, in diesem Bauernhaus leben zu können. Von der konsumorientierten Welt hatte sie sich verabschiedet.

Noch wehre ich mich dagegen, ganz in diese fremde neue Welt einzutauchen. Noch will ich zurück in die Welt der genormten Realität, der zurecht gestutzten Wirklichkeit, des betreuten Denkens.

Wilde Rosen

Erinnerungsschwere Bilder lassen mich in den Morgen gleiten.

Der Himmel ist so blau, dass es fast schmerzt. Ein Lockruf, nach draußen zu gehen, vorbei an den schön gepflegten Gärten der Nachbarn, deren üppiges Grün Hoffnung pur ausstrahlt.

Ich sehe sie gerne, die fremden Gärten. Manchmal ist ein verwilderter dabei, tief versunken in einem Dornröschenschlaf. Dieser berührt mich besonders, regt meine Fantasie an, bringt mich zum Träumen, erinnert mich an meinen Garten, den ich einst hatte.

Ich habe ihn verwildern lassen. Ein fast undurchdringliches Dickicht an Sträuchern, Bäumchen, Pflanzen, gewachsen in vielen Jahren, unberührt von menschlichen Eingriffen, ganz sich selbst überlassen seiner ungebremsten Naturgewalt. Er hat sich den Menschen verweigert, wollte ungestört wachsen und sich entfalten. Wollte kein Gift an sich heranlassen, dem Unkraut genau so viel Raum geben wie den sogenannten Nutz- und Kulturpflanzen.

Wilde Rosen sind gewachsen. Den Weg haben sie mir versperrt, als ich einmal doch, von Neugier getrieben, in das Innere des Gartens vordringen wollte. Die Stacheln haben sich in meine Haut gebohrt, sie aufgerissen und zum Bluten gebracht. Trotz der Schmerzen bin ich weitergegangen, von einer unbestimmten Sehnsucht getrieben, als wäre ich einem Geheimnis auf der Spur.

Fasziniert von den wilden Rosen, die in ihrer unbändigen Lebenskraft einen Großteil des Gartens in Besitz genommen haben, gehe ich weiter und weiter. Jeder Schritt mühsam erkämpft. Das Gestrüpp wird immer undurchdringlicher. Die wilden Rosen wehren sich mit ihren spitzen Stacheln gegen mein Eindringen in ihre eigene, von Menschenhand unberührte Welt. Sie heißen mich nicht willkommen, verwehren mir den Eintritt, wollen weiter ungestört wachsen und sich ausbreiten. Sie berühren mich, die wilden Rosen. Ich berühre sie. Eine schmerzliche Begegnung und doch schön. So nah an der Ursprünglichkeit des Lebens. Ein ehrfürchtiger Schauer durchströmt mich. Die wilden Rosen sprechen mit mir in ihrer Sprache. Schmerzlich machen sie mir bewusst, dass sie leben wollen. Einfach so, wie sie sind. In ihrer Wildheit und ungezügelten Leidenschaft. Mein Garten gibt ihnen Raum. Ich übergebe meinen Garten den wilden Rosen und lasse sie einfach sein. Sie gefallen mir in ihrer Stärke und Kraft. Der Duft, den sie verströmen, verzaubert mich, betäubt mich fast und lässt mich eintauchen in eine andere Welt, von der ich schon immer eine Ahnung hatte, die mich aber jetzt mit einer unglaublichen Intensität erfasst und mich hineinzieht in einen wilden Strudel an Gedanken, Gefühlen und Bildern, denen ich mich kaum entziehen kann.

Noch wehre ich mich dagegen, ganz in diese fremde neue Welt einzutauchen. Noch will ich zurück in die Welt der genormten Realität, der zurechtgestutzten Wirklichkeit, des betreuten Denkens. Noch macht mir diese rohe Naturgewalt Angst. Die Botschaft der wilden Rosen nehme ich mit und lasse sie tief in meiner Seele weiter blühen.

Das Leben spüren

Müde vom Suchen setzte sie sich auf eine Bank, die, wie für sie geschaffen, zufällig am Rand des Weges stand. Um sie herum die betörenden Farben des Herbstes. Der Himmel war blau wie an schönen Sommertagen, die Luft klar und fast schon winterlich kalt. Sie vergrub ihre Hände in den Taschen ihres Mantels und atmete tief durch. Sie wusste nicht genau, wo sie war.

Lange war sie gegangen, einfach nur gegangen. Immer weiter und weiter. Zuerst durch von Menschen dicht besiedeltes Gebiet, dann durch eine ebene, kahle Landschaft. Noch begegneten ihr Menschen, deren grüßendes Lächeln ihre Seele wärmte.

Irgendwann war sie plötzlich allein. Um sie herum Bäume, viele Bäume. Ein Wald oder ein Park? Ihre vom Gehen müde gewordenen Füße begannen zu schmerzen und ihre Gedanken verhedderten sich erinnerungsschwer in unauflösbar scheinende Knäuel. Die Bank, auf der sie sich nun ausruhen konnte, war wie ein Geschenk des Universums ihr zugefallen.

Die Stille um sie herum war wohltuend und sanft, die ihren inneren Bildern Raum zur Entfaltung gab.

Die Bilder ihres Lebens zogen an ihr vorbei und forderten Beachtung und Aufmerksamkeit in einem wilden Konkurrenzkampf. Atmen, einfach nur atmen, dachte sie, um ihre Gedanken zur Ruhe zu bringen.

Sie dachte: Das Leben ist ein langer Fluss, der irgendwann ins Meer mündet. In ein Meer der Unendlichkeit, der Ungewissheit. Sie spürte das Leben in sich, den Herzschlag, die Wärme in ihren Händen, die Kälte in ihrem Gesicht. Den Schmerz in ihren Füßen, der langsam leiser wurde. Auch der Schmerz ist Leben. Nichts mehr spüren ist Tot-sein. Das wollte sie nicht. Sie entschied sich für das Leben, immer wieder, jeden Augenblick neu.

Neue Energie strömte durch ihren Körper. Die Schatten der Vergangenheit verloren sich im Nirgendwo. Ganz dem Hier und Jetzt zugewandt, ging sie weiter. Das Laub raschelte unter ihren Füßen, bei jedem Schritt.

Der Weg ist das Ziel. Ein Satz, den sie oft gehört und gelesen hatte. Wenig tröstend in seinem abgegriffenen Weisheitsanspruch. Sie ging und ging und wusste nicht, wohin. Durch einen Wald führte ihr Weg. Hohe Bäume säumten ihn, die kaum Licht durchließen. Gespenstisch schön war es, einfach so dahinzugehen, während die Gedanken langsam leiser wurden.

Sie kam zu einer Lichtung. Die Bäume warfen lange Schatten. Noch schien die Sonne mit letzter Kraft, bevor sie am Horizont in leuchtendem Rot untergehen würde. In der Ferne sah sie Häuser. Sie bewegte sich auf diese Zeichen menschlicher Behausungen zu und hoffte, dort Orientierung zu finden. Bald würde es dunkel werden und kalt. Noch kälter, als es jetzt schon war. Sie spürte Sehnsucht nach einem wärmenden, schützenden Bett, in dem sie sich verkriechen und den Schlaf des Vergessens schlafen könnte.

Ihre Füße trugen sie weiter und weiter. In der Ferne sah sie Rauch aufsteigen. Wärme, Geborgenheit und Liebe zum Greifen nahe.

Kaffee und Katze

Grau und trüb ist der Himmel. Ein Regentag kündigt sich an. Regentropfen an den Fensterscheiben. Eingerollt schläft meine Katze neben mir ihren seligen Katzenschlaf.

Ich trinke Kaffee. Schwarz. Ohne Milch. Heiß. Sehr heiß. Fast verbrenne ich mir die Zunge. An den Geschmack habe ich mich längst gewöhnt.

Ich halte mein Strickzeug in meinen Händen. Ich stricke an einem Socken. Zwischendurch mache ich Pause und sehe die Nachrichten. Die Bilder machen mich traurig. Krieg. Immer noch. Wie lange noch?

Ich schalte mein iPad wieder aus. Höre in mich hinein. Lasse die inneren Bilder kommen und gehen. Vergangenes vermischt sich mit Gegenwärtigem in einem wilden Spiel, das auf mich einströmt und meine Aufmerksamkeit und Zuwendung fordert. Erinnerungssplitter aus einem langen Leben. Schule, Kinder, Beruf.

Lange vorbei. Weit weg. Geschichte.

Da sitze ich nun mit Kaffee und Katze und versuche, meinem Tag einen Sinn zu geben. Es verlockt mich nicht, nach draußen zu gehen, obwohl Bewegung meiner Gesundheit guttäte. Wie fest gemauert sitze ich in meinem Ohrensessel und spüre Widerstand gegen jegliche Form von Bewegung und Betätigung. Eine innere Lähmung, die sich in mir ausbreitet und meine Fingerspitzen erreicht, sodass meine Strickerei bald achtlos zu Boden fällt.

Es ist still. Ab und zu fährt ein Auto oder ein Traktor vorbei und die Stille wird durchbrochen. Das Leben geht weiter. Draußen und in mir, wenn auch in einem ruhigeren Gang. Ich nehme einen Schluck Kaffee, der inzwischen lauwarm geworden ist. Die Zeit, die Stunden, die Minuten, die Sekunden fallen an mir ab, gehen durch mich hindurch, flüchtig wie Gas. Ich weiß mit meiner Zeit nichts anzufangen. Lust auf gar nichts. Ich beneide die schlafende Katze neben mir, die ganz im gegenwärtigen Augenblick aufgeht und über den Sinn ihres Lebens nicht nachdenken muss. Ich halte mich am Leben. Ich atme ein. Ich atme aus. Ich trinke Kaffee. Ich lasse das Feuer im Ofen nicht ausgehen. Immer wieder lege ich ein Stück von dem Totholz nach, das mein Mann von seinen Ausfahrten nach Hause bringt. Es gibt kein Gas im Haus. Geheizt wird mit Holz, geschenkt von der Natur. Natürlich macht es Arbeit, um ofenfertige Stücke herzustellen. Ohne Kreissäge geht das nicht. Auch eine Handsäge kommt manchmal zum Einsatz.

Mein Mann ist Lebensmittelretter. Unglaublich, was von den Supermärkten alles weggeworfen wird. Verschwendung pur. Man müsste allen Supermärkten dieser Welt diese umweltfeindliche und menschenverachtende Handlung verbieten, und es gäbe keinen Hunger auf dieser Welt. Die Weltbevölkerung könnte problemlos ernährt werden. Die nicht verkauften Waren sollten einfach zur freien Verfügung gestellt werden. Ich weiß, ein naiver kindlicher Wunschtraum. Ende der Profitmaximierung. Zusammenbruch des kapitalistischen Wirtschaftssystems. Was keinen Gewinn bringt, ab in den Müll. Und es ist gesetzlich verboten, sich an den weggeworfenen Lebensmitteln zu bedienen.

Mein letzter Schluck Kaffee. Kalt.

Unerreichbare Männer

Unerreichbare Männer waren es immer, in die sie sich verliebt hatte. Ihr Vater, der erste Mann ihres Lebens, traumatisiert vom Krieg, verletzt vom Leben, fand keinen Zugang zu ihr, blieb ein Fremder für sie, vor dem sie Angst hatte. Seine zynischen Wortmeldungen machten sie sprachlos. Sein Interesse an ihrem Leben nicht der Rede wert, kaum vorhanden. Sie idealisierte ihn, wie sie später die Männer, die in ihr Leben traten, idealisierte. Es waren keine Begegnungen mit einem realen, spürbaren, greifbaren Mann, sondern mit einem Bild von ihm, gemalt von ihren Wünschen und Bedürfnissen. Im Innersten die Sehnsucht nach einem Vater, den sie nie gehabt hatte. Ihr Vater, der zwar physisch anwesend war, aber innerlich weit weg in einer fremden, unerreichbaren Seelenlandschaft lebte, bestimmte ihr Männerbild. Es war eine Mischung aus Sehnsucht und Angst vor Nähe, gefangen in einer Sprachlosigkeit, in einer nebelverhangenen düsteren Welt, in der in seltenen Momenten ein Licht der Hoffnung auf Glück aufleuchtete.

Sie saß auf ihrem geliebten gemütlichen roten Sofa, ihre Kaffeetasse in den Händen, nahm immer wieder einen Schluck von dieser braunen Flüssigkeit, während sie ihren Gedanken nachhing. Aufarbeitung der Vergangenheit nannten das die Psychologen, Psychotherapeuten, Psychiater, Heiler, Energetiker, Lebensberater, Heilpraktiker, die Reihe ließe sich bestimmt fortsetzen. Ein boomender Geschäftszweig. Die leidgeprüften, vom Leben durchgeschüttelten Menschen haben Sehnsucht nach Hilfe und Orientierung in dieser unsicher gewordenen Welt, in der die meisten die Religion als Auffangbecken ihrer seelischen Nöte verloren haben. Esoterik scheint die neue Religion zu sein, die hohe Wellen schlägt und heilsame Wege zu Erleuchtung und Bewusstseinserweiterung verspricht. Die Liste der Glücksratgeber ist lang. Und wer persönlichen Kontakt sucht, hat die Qual der Wahl. Die Angebote im Internet sind fast nicht überschaubar. Natürlich vorausgesetzt, man/frau hat das entsprechende Kleingeld für diesen Luxus der ungeteilten intensiven Zuwendung, die man/frau dafür bekommt.

Sie hatte in ihrem Leben schon viele Heiler kennengelernt, professionelle und sogenannte Hobbypsychologen, denen es meist darum ging, ihr eigenes Ego aufzuwerten, indem sie ihre eigenen Lebensentwürfe als allgemein gültiges Heilmittel anboten. Nur wenige der in diesen Therapiestunden gehörten Sätze waren brauchbar, hilfreich, unterstützend auf ihrem Weg zu sich selber hin. Darum geht es ja im Leben: das eigene Selbst, den innersten Kern zu verwirklichen, den schlummernden Potenzialen eine Ausdrucksform zu geben, sei es durch Sprache, Malerei, Musik oder einer anderen gestaltenden Kraft.

Sie trank den inzwischen kalt gewordenen Kaffee aus, stand auf, machte ein paar Turnübungen, um ihre Beweglichkeit wiederzufinden, zog den Mantel an und machte sich auf den Weg nach draußen in die trübe nasskalte Winterlandschaft.

Die Traurigkeit in mir - Tango des Lebens

Ich umarme meine Trauer. Ich füttere sie mit schmackhaften Trüffeln und Pralinen aus zarter weißer Schokolade. Ich bette sie auf ein weiches duftendes Lavendelkissen und schenke ihr alle Ruhe und Zeit der Welt. Ich schicke sie nicht mehr fort mit aggressiven Gesten, abwertenden Worten. Ich gebe ihr Heimat in mir, lasse sie sein. Sie darf schweigen. Sie darf reden, was immer sie will. Zu lange schon irrte sie umher in fremden Häusern, fremden Gärten, verirrte sich in dunklen Wäldern, ging in stürmischen Meeren der Leidenschaft fast verloren. Genug der aufgesetzten Fröhlichkeit, des Dauerlächelns, das im Wangenbereich Schmerzen verursacht.

Ich tanze mit ihr einen traurigen dramatischen Tango voller Leidenschaft. Die Musik trägt uns durch den prunkvollen Tanzsaal und entführt uns in eine Welt der tausend Möglichkeiten, losgelöst von Raum und Zeit. Die Wiegeschritte sind tröstlich und beruhigend. Zärtliche Töne in Moll. Tango des Lebens.

Blut hat eine schöne Farbe. Rot ist die Farbe der Liebe und des Lebens. Mit meinen Fingern umkreise ich zärtlich die blutenden Wunden, die, kaum zugeheilt, wieder aufgerissen wurden durch schmerzliche Erlebnisse, durch Nicht-Gesehen-werden, Nicht-Wahrgenommen-werden, Nicht-Gehört-werden. Durch Unsichtbar-Sein, ein verirrtes verlorenes Atom im Weltgeschehen, kurz aufgeleuchtet und wieder erloschen im mitreißenden, gewaltigen, unaufhaltsam dahinfließenden Strom der Vergänglichkeit. Eingetaucht in die Dunkelheit des Universums. Erstarrt in der Lieblosigkeit einer aus den Fugen geratenen Welt.

Die Frage nach dem Sinn bleibt unbeantwortet. Spürbar nur der Schmerz, die Trauer, die sich durch alle Körperzellen frisst und nach Ausdruck verlangt. Verletzende Worte, verletzende Sätze, traumatisierende Erlebnisse, längst Vergangenheit und doch präsent als dunkle Hintergrundmusik, die den bohrenden messerscharfen Schmerz begleitet und dem Leben eine Schwere gibt und den alltäglichen Lebensvollzügen ihre Leichtigkeit verwehrt.

Die Erde dreht sich weiter und weiter. Die Zeit zerrinnt in meinen Händen. Die Jahreszeiten wechseln einander ab. Die Pfingstrosen vor meiner Haustür sind heuer üppiger denn je gewachsen. Prall mit Lebenskraft gefüllte Knospen, die nicht recht aufblühen wollen. Nur langsam und zaghaft öffnet sich die eine oder andere, um sich der Welt in ihrer Schönheit zu zeigen und ihren betörenden Duft zu verströmen, als würde sie ahnen, dass die volle Blüte schon das Verblühen in sich trägt und das Verwelken. Noch sprühen sie vor Leben. Noch drängen die Knospen auf Entfaltung hin. Noch liegt Kraft in ihnen. Ihre Farbe ist ein zartes weiches Rosa, das mir hoffnungsvoll entgegen leuchtet und mich das Leben spüren lässt. Das Leben in all seinen Dimensionen und Facetten. Und der Schmerz ist auch Leben.

Die Traurigkeit in mir will gesehen werden, schreit nach liebevoller Zuwendung, nach Wärme und Licht endlos langer Sommertage, die vielleicht kommen werden.

Ein stiller Nachmittag

Es ist still. Die Stille um sie herum hüllt sie ein wie ein schützender Kokon. Sie hat sich zurückgezogen von dieser Welt, deren Lärm sie unerträglich fand. Er störte sie im Fluss ihrer Gedanken, die auf der Reise waren zum Innersten ihres Seins. Das Handy weit weg gelegt, um nicht in Versuchung zu kommen, wieder einen Blick auf die E-Mails zu werfen und sich dann im Dschungel belangloser Nachrichten zu verlieren.

Mit einer Tasse Tee hatte sie sich auf das Sofa gesetzt, blickte hinaus auf die belebte Straße, auf das geschäftige Treiben der Menschen, von dem sie sich distanzierte, und ließ ihr Leben wie einen Film an sich vorüberziehen. So manches Bild zauberte ein Lächeln auf ihr Gesicht. Blass-blaue Erinnerungen, eine eingeschmolzene, konservierte Zeit, längst Vergangenheit und doch in einem kurzen Aufleuchten greifbar nahe.

Der Tee schmeckte nach Gesundheit, um die sie sich in letzter Zeit mehr bemühte, im Bewusstsein, dass sie keine Selbstverständlichkeit war, sondern ein Geschenk von wem auch immer. Manche sagen, von Gott. Ihr Glaube an eine höhere Macht war brüchig geworden, ihr Vertrauen in Autoritäten erschüttert. So versuchte sie, einen Weg nach innen zu finden, Halt in sich selbst, frei von äußerlichen Abhängigkeiten.

Da war manchmal eine quälende Leere in ihr, manchmal ein verwirrendes Chaos, aus dem sich nur mühsam sinnvolle Sätze und Bilder formen ließen. Manchmal war die Stille eine erfüllende Offenbarung, ein Weg zu einem höheren Selbst. Ein Gefühl von Sinn leuchtete auf.

Der Himmel über Wien ist grau und trüb. Der Tag neigt sich seinem Ende zu. Wieder ein Tag von den vielen Tagen ihres Lebens, die sie schon gelebt, erlebt und erlitten hatte. Sie stand auf, ging in die Küche und holte sich noch eine Tasse von ihrem Kräutertee, den sie sich unlängst in einem Bioladen gekauft hatte.

Manchmal wurde die Stille zu laut, zu beklemmend. Sie musste aufstehen, um äußerlich und innerlich wieder in Bewegung zu kommen. Ich gehe, also bin ich.

Das Leben wegwerfen, das wollte sie nicht, obwohl sie schon manchmal daran gedacht hatte, wenn sie ihre Existenz sinnentleert, traurig und schmerzvoll empfand. So wenig Leben im Leben, dachte sie manchmal und erschrak vor ihren eigenen destruktiven Gedanken. Dann ging sie stundenlang durch die Stadt, nahm ein Bad in der Menschenmenge, sog die Sinneseindrücke in sich auf, in der Hoffnung, sich wieder lebendig zu fühlen, sich als Teil eines großen Ganzen zu sehen und dem Leben einen Sinn zu geben. Trotzdem weiterleben, auch wenn das unendliche Leid dieser Welt sich wie spitze Pfeile in ihre Seele bohrte. Sie konnte die Nachrichten nicht mehr hören und sehen. Sie erlebte sich schmerzlich ohnmächtig und hilflos angesichts der grauenvollen Bilder in den Medien.

Der Tee war kalt geworden. Sie nahm den letzten Schluck und wusch die Tasse sorgfältig ab.

Schreiben und Tanzen

Es ist still im Haus. Auch draußen. Nur manchmal fährt ein Auto oder ein Traktor vorüber und durchbricht die Stille. Meine Katze schläft im Bett neben mir, ihren tiefen Katzenschlaf, um den ich sie beneide.

In meinem Kopf blitzen Erinnerungsbilder auf und tragen mich weit fort aus dem Hier und Jetzt in vergangene Zeiten. Ich lasse sie kommen und gehen. Sie sind ein Teil von mir, gewebt aus den Tagen, Stunden und Momenten meines gelebten Lebens. Angsterfüllte Schulstunden. Eine Geschichtsstunde. Die Angst im Nacken sitzend, als nächste geprüft zu werden und die Fragen nicht beantworten zu können. Eintrag ins Lehrerhandbuch: NICHT GENÜGEND: Eine Horrorvision und manchmal auch Wirklichkeit geworden.

Einsame Stunden zu Hause am Nachmittag, während draußen der Sommer glühte und meine Mutter mich mit den anderen Kindern nicht zum See gehen ließ, aus Angst, mir könnte etwas passieren, ihrem einzigen Kind, das sie als eine Fortsetzung ihres Lebens betrachtete und immer wie ein Haustier in ihrer Nähe haben wollte. Meine Trauer unermesslich und tief. Meine Tränen, ein nicht versiegen wollender Strom, von meinem Vater als unangenehme Störung seiner Ruhe gesehen, von meiner Mutter zum Stillstand gebracht mit lieblosem Verhalten. Ich habe mich ins Bett verkrochen, in eine Fantasiewelt geflüchtet, in die Welt der Bücher. Lesen war erlaubt und gern gesehen. Im Haushalt durfte ich nichts anrühren. Das Haus war die Domäne meiner Mutter, über das sie unerbittlich und streng herrschte. Als ich einmal aus Neugier eine Tisch- oder Schranklade aufmachte, stürzte sie sofort zu mir, um dieses Vorhaben zu unterbinden. Wie eine Fremde fühlte ich mich bald in dem Haus, in dem ich geboren worden war. An einem kalten Wintertag im Jänner.

Als ich vierzehn war, wünschte ich mir, nicht geboren worden zu sein. Oder einzuschlafen und am nächsten Morgen nicht mehr aufzuwachen.

Ich schrieb eine Erzählung über ein Mädchen, das durch eine Schneelandschaft geht.

Ohne Ziel. Weiter, immer weiter. Irgendwann hinfällt. Nicht mehr aufsteht und vom fallenden Schnee bedeckt wird. Todessehnsucht. Rückkehr in die Natur, Einswerden mit dem Universum. Schreiben war wichtig für mich. Es half mir über die schwierigen Jahre meiner Kindheit und Jugend hinweg. Hilflose Lehrerinnen, ein hilfloser Arzt, ein hilfloser Psychiater. Aber das sind eigene Geschichten. Staunen darüber, dass das Leben immer weiter gegangen ist.

Mit sechzehn habe ich das Tanzen entdeckt und natürlich auch die Männer. Unvergessen mein erster Tanzpartner, in den ich mich sofort verliebt habe und in dessen Armen ich eine Ahnung vom Liebesglück erfahren durfte. Leider von kurzer Dauer. Der Mann war verheiratet und emotional nicht verfügbar. Trotzdem verbrachte ich mit ihm schöne Tanzabende, für die ich heute dankbar bin.

Es kamen andere Männer, die mit mir tanzten. Und es war schön. Tanzen und Schreiben hielten mich am Leben und ließen mich mein trauriges Schülerinnendasein ertragen.

*Vielleicht wollte sie nicht mehr
zurück in die abgelebte,
langweilig gewordene Welt des
ewig Gleichen und
Vorhersehbaren. Im Weitergehen
lag das Glück, in einer
unbestimmtern Ferne, …*

Vom Fremdsein in der Welt

Es hatte geschneit. Der Schnee hüllte die Landschaft in blendendes Weiß. Sie ging durch die stille weiße Winterlandschaft einem unbestimmten Ziel entgegen. Die Bewegung tat ihr gut, löste den schmerzenden Klumpen in Ihrer Herz-Brust-Gegend, der ihr die Luft zum Atmen nahm.

Der Weg ist das Ziel. Diesen Satz hatte sie oft gehört in den vielen Selbstfindungsseminaren, die sie im Laufe ihres Lebens besucht hatte.

Sie hatte genug davon, von all' den Therapien, die ihr helfen sollten, endlich ein glücklicher Mensch zu werden. Glück? Was war das schon? Ein gutes Gefühl der Leichtigkeit und Lebensfreude? Die Abwesenheit von Schmerz und Leid?

In ihr war Schmerz, seit sie denken konnte. Er ließ sich nicht weg-therapieren. Die hilflosen Helfer mussten ihre Niederlage eingestehen und sie ziehen lassen. Zum nächsten Therapeuten. Zur nächsten Therapeutin. Zu einer Therapie-freien Zeit, in der sie selbst versucht hatte, mit ihrem Leben zurechtzukommen.

Schon früh hatte sie angefangen, mit Tabletten ihren Schmerz zum Schweigen zu bringen. Sich mithilfe eines Tranquilizers in eine erlösende Entspannung fallen zu lassen. Das Leben wäre sonst nicht erträglich gewesen.

Zu dünnhäutig war sie schon immer gewesen. Schon als Kind. Die sonntäglichen Predigten, von der Kanzel herab mit donnernder Stimme. Von Hölle, Sünde, ewiger Verdammnis sprach der Pfarrer. Die Worte fielen in ihre kindliche Seele wie schwere Steine. Lange wurde sie die inneren Bilder nicht los, die in ihr durch die furchterregenden Sätze und Drohungen entstanden waren. Der Satz ihrer Mutter *Du musst nicht alles glauben* tröstete sie nicht.

Das war lange her. An die Hölle glaubte sie längst nicht mehr. Sie fühlte sich im Niemandsland des Glaubens. Sie hatte es mit Buddhismus versucht, mit Meditation, mit Yoga, mit Bewegung und Musik. Achtsamkeitsübung fühlte sich noch am besten an.

Gedankenschwer ging sie weiter in dieser schönen traumhaften Winterwelt. Es hatte zu schneien begonnen. Die Schneeflocken wirbelten durch die Luft. Überall weiß bis an den Horizont dieser flachen Winterlandschaft. Diese endlose Weite der Steppe. Es war schön, so weiterzugehen. Immer weiter und weiter. Wer weiß, wohin? Fremd und heimatlos fühlte sie sich in dieser Welt. Immer schon. Nicht richtig angekommen in diesem Leben, in dieser Welt. Immer schon suchte sie die Stille. Die Kraft der Stille. Die hatte etwas Heilendes, Erlösendes, Hoffnungsvolles.

Es wurde dämmrig. Weit war sie gegangen. Sie blickte zurück. Vergessen hatte sie plötzlich, woher sie gekommen war. Vielleicht wollte sie es auch nicht wissen. Vielleicht wollte sie nicht mehr zurück in die abgelebte, langweilig gewordene Welt des ewig Gleichen und Vorhersehbaren. Im Weitergehen lag das Glück, in einer unbestimmten Ferne, was auch immer sie dort erwarten würde. Nur nicht stehen bleiben, nur nicht hinfallen. Das könnte den Tod bedeuten. Schnee würde sie zudecken und als Hügel in die Winterlandschaft integrieren.

Am Meer

Ich liege am Wasser und blicke auf die unendliche Weite des Meeres hinaus. Möwen kreischen, der Himmel strahlend blau. Schiffe in der Ferne auf dem Weg nach irgendwohin. Ich atme die frische Meeresluft ein und fühle mich mit dem Leben verbunden. Die Sonne wärmt mit ihren frühlingshaften milden Strahlen mein unterkühltes Herz. Ich bin am Meer. Endlich ist mein Wunsch in Erfüllung gegangen. Ich bin auf der kleinen griechischen Insel Kos.

Dem heimatlichen Stress und Konsumzwang bin ich entflohen und genieße die Ruhe und Stille dieser abseits des Touristenstroms gelegenen kleinen Insel. Ich möchte für mich allein sein, den Spuren meiner inneren Lebensströme folgen, möchte mich in Achtsamkeit und Nicht-Denken üben. Eine Reise nach innen zu meinem innersten Sein schweigend antreten. Allein und doch nicht einsam. Rings um mich herum ist Leben in seiner natürlichen Ursprünglichkeit. Steine, Muscheln und Sand spült das Meer an Land. Geschenke der Natur. Ich nehme einen Stein in die Hand und spüre seine Härte und Stärke, geformt in tausenden von Jahren. Ich fühle Ehrfurcht vor der Natur. Auch ich bin ein Teil von ihr. Mein Sein, hervorgegangen und geworden in nicht vorstellbaren zeitlichen Dimensionen evolutionärer Entwicklung. Ein ständiges Werden und Vergehen ist das Sein. In einem ewigen Kreislauf gefangen. Ohne Anfang und ohne Ende. Nicht vorstellbar. Woher komme ich? Wohin gehe ich? Ich weiß es nicht. Die Ungewissheit aushalten. Eine der größten Herausforderungen menschlicher Existenz. Ich beneide die Tiere, die ganz im Hier und Jetzt leben können, ohne an ein Davor und ein Danach denken zu müssen,

Ich stehe auf und gehe am Strand entlang. Weit und breit keine Menschen. Ich bin allein mit meinen Gedanken, die ich so gerne zum Stillstand bringen möchte. Das Gehen bringt mich innerlich in Bewegung. Die Gedanken fließen weiter, der Knäuel in meinem Kopf löst sich auf. Meine Füße spüren den Boden unter mir, der mich erdet, mich mit dem Leben verbindet. Der Himmel über mir ist blau und wolkenlos. Nur die kühle Luft verrät, dass der Sommer noch fern ist. Ein hoffnungsvolles Frühlingserwachen überall.

Die Sonne geht unter. Traumhaft schön versinkt sie am Horizont, verabschiedet sich für den heutigen Tag und macht der Dämmerung Platz.

Ich beschließe, in mein Hotel zu gehen, mich an den kleinen Tisch zu setzen, den Ausblick auf das Meer zu genießen und ein Glas Rotwein zu trinken. Ich werde mein Notizbuch zur Hand nehmen und meine Eindrücke niederschreiben. Der Tag geht zu Ende, einer von den vielen im unaufhörlichen Dahinfließen meiner Lebenszeit. Und dieser Augenblick jetzt ist so schön und erfüllt, dass ich zu ihm gerne sagen möchte in Anlehnung an Goethes Faust „Verweile doch, du bist so schön!"

Meine Füße tragen mich zum Hotel in mein Zimmer mit Meeresblick. Ich trete auf den Balkon hinaus und atme noch einmal die frische Meeresluft ein, bevor ich mich an den Tisch setze und mich dem Schreiben meiner Geschichte widme.

Stille Tage am Meer

Sie trat auf den Balkon hinaus und blickte auf das Meer, das in seiner sanften Unendlichkeit vor ihr lag. Mild und ruhig. Ein gleichmäßiger Wellenschlag von beruhigender Wirkung, der wie Musik in ihren Ohren klang. Ohne Meer wäre ich verloren, dachte sie. Die letzten Tage waren schön für sie gewesen. Im Einklang mit der Natur und mit dem Rhythmus der Zeit hatte sie gelebt. Lange Strandspaziergänge hatte sie gemacht, sich vom Rauschen der Wellen durch die Zeit tragen lassen, in einem Restaurant etwas gegessen, Kaffee getrunken, kurze Begegnungen mit Menschen, etwas Smalltalk, dann wieder mit sich allein und ihrer inneren Welt, die plötzlich aus den Fugen geriet, mit jedem Tag mehr. Sie fühlte sich auf schwankendem Boden, der ihr weder Halt noch Sicherheit gab. Sie erinnerte sich an ihre immer wieder kehrenden Alpträume, in denen sie fiel und fiel in eine bodenlose Tiefe, bis sie angsterfüllt aufwachte.

Heute fühlte sie sich einsam, traurig, verstört, aufgewühlt von den inneren Bildern, die sich ihr aufdrängten, sie überrollten mit erschreckender Kraft. Die Vergangenheit holte sie ein. Ihr Leben lief wie ein Film vor ihr ab. Ihre traurige Kindheit, die nicht kinderleicht war, die unruhigen Jugendjahre, in denen sie verloren und orientierungslos durch das Leben taumelte, da und dort kurz Halt und Hoffnung fand und dann wieder abstürzte in ein tiefes Gefühl von Traurigkeit und Weltschmerz.

Natürlich wusste sie, dass es kein dauerhaftes Glück geben konnte. Es gibt das Glück des Zufalls, über das sie keine Macht hatte, das sie nicht beeinflussen konnte. Geboren in einem armen oder reichen Land, aufgewachsen in einer liebevollen Umgebung oder in einem kalten, herzlosen, von Gewalt geprägten Umfeld. Ihre körperlichen Merkmale wie Augenfarbe, Haarfarbe, Körpergröße und Körperbau, ihre genetische Ausstattung ein Spiel der Natur.

Da gibt es noch das Glück des Augenblicks. Der Geschmack guten Essens, die wärmenden Sonnenstrahlen auf der Haut, eine Berührung, die nicht nur den Körper, sondern auch die Seele erreicht, eine liebevolle Umarmung, ein

Kuss, die Brücke hin zum Du, und die Vereinigung zweier Körper, ein Akt der Liebe, der sexuellen Begierde, der magnetischen Anziehungskraft zwischen Mann und Frau, so viele Möglichkeiten der Interpretation, aber ein augenblickliches kleines Glück, das nur eine Spur der Erinnerung zurücklässt.

Und dann gibt es noch das Glück der Fülle, das Lebensgefühl, gespeist von den vielen schönen Momenten im Lebensvollzug, den Lebensbedingungen, der körperlichen und seelischen Kraft, der Lebensenergie.

Es war der letzte Tag des zu Ende gehenden Jahres. Sie löste sich von ihren schweren sinnsuchenden Gedanken und machte sich auf zu einem Strandspaziergang. Der Roman, den sie angefangen hatte zu schreiben, konnte warten. Später, in den Abendstunden oder in der Nacht, wenn sie nicht schlafen konnte, würde sie vielleicht daran weiterschreiben. Oder auch nicht. Das Leben war jetzt.

ULRIKE PUCKMAYR-PFEIFER

1954 geboren und aufgewachsen in einem burgenländischen Dorf am Neusiedler See. Schon früh hat sich die Autorin mit existenziellen Fragen auseinandergesetzt. Die Frage nach dem Sinn des Lebens zieht sich wie ein roter Faden durch ihr Leben. Mit 14 begann sie zu schreiben: Gedichte, Tagebücher, poetische Texte, in denen sie dieses Thema in den verschiedensten sprachlichen Spielarten umkreiste. Matura. Studium der Philosophie, Psychologie, Pädagogik und Germanistik an der Universität Wien. Deutschlehrerin.
Die Autorin lebt mit ihrem Mann und drei Katzen in einem Dorf am Neusiedler See.

GESCHICHTEN MIT HAPPY END FÜR DIE UMWELT.

Story.one setzt auf Nachhaltig-
keit. Jedes Buch wird on-demand
produziert, um Überproduktion und
Ressourcenverschwendung zu ver-
meiden. Dank lokaler Druckereien
werden CO2-Emissionen reduziert.
Dein Buch ist nicht nur einzigartig,
sondern auch umweltfreundlich.

Zeitfracht Medien GmbH
Ferdinand-Jühlke-Straße 7
99095 Erfurt, Deutschland
produktsicherheit@kolibri360.de